Comparar insectos

# Los alimentos de los insectos

## Charlotte Guillain

Heinemann Library
Chicago, Illinois

**www.heinemannraintree.com**
Visit our website to find out
more information about
Heinemann-Raintree books.

**To order:**

☎ Phone 888-454-2279

💻 Visit www.heinemannraintree.com
to browse our catalog and order online.

© 2011 Heinemann Library
an imprint of Capstone Global Library, LLC
Chicago, Illinois

Edited by Rebecca Rissman and Catherine Veitch
Designed by Joanna Hinton-Malivoire
Picture research by Elizabeth Alexander
Production by Duncan Gilbert and Victoria Fitzgerald
Originated by Heinemann Library
Printed and bound in China by Leo Paper Group
Translation into Spanish by DoubleOPublishing Services

14 13 12 11 10
10 9 8 7 6 5 4 3 2 1

**Library of Congress Cataloging-in-Publication Data**
Guillain, Charlotte.
  [Bug food. Spanish]
  Los alimentos de los insectos / Charlotte Guillain.
     p. cm.—(Comparar insectos)
  Includes bibliographical references and index.
  ISBN 978-1-4329-4326-4 (hc)—ISBN 978-1-4329-4333-2 (pb)
  1. Insects—Juvenile literature. 2. Insects—Food—Juvenile literature.
  3. Insects—Feeding and feeds—Juvenile literature.  I. Title.
  QL467.2.G85618 2011
  595.715′3—dc22                          2010007338

**Acknowledgments**
The author and publishers are grateful to the following for permission
to reproduce copyright material: Alamy pp. 4 (© Roger Eritja), 15 (©
blickwinkel), 17 (© blickwinkel), 16 (© B. Mete Uz); Ardea.com pp. 13 (©
John Daniels), 18 (© Pascal Goetgheluck); Corbis pp. 9 (© Steffen Schmidt/
epa), 23 bottom (© Steffen Schmidt/epa); FLPA p. 19 (© Heidi & Hans-
Juergen Koch); Getty Images p. 8 (George Grall/National Geographic);
iStockphoto pp. 5 (© andrey Pavlov), 6 (© Michal Boubin), 11 (© Robert
Kobsa), 22 top right; NHPA p. 20 (A.N.T. Photo Library); Photolibrary pp.
7 (Patti Murray/Animals Animals); RSPCA p. 19 (Tim Martin); Shutterstock
pp. 10 (© Cathleen Clapper), 12 (© Kletr), 14 (© Johan Swanepoel), 22
top left (© alle), 22 bottom left (© alle), 22 bottom right (© Eric
Isselée), 23 top (© Yellowj).

Cover photograph of a caterpillar (European Swallowtail) feeding on carrot
leaves reproduced with permission of Ardea (© Steve Hopkin). Back cover
photograph of beetles rolling a ball of dung in South Africa reproduced
with permission of Shutterstock (© Johan Swanepoel).

The publishers would like to thank Nancy Harris and Kate Wilson for their
assistance in the preparation of this book.

Every effort has been made to contact copyright holders of any material
reproduced in this book. Any omissions will be rectified in subsequent
printings if notice is given to the publisher.

# Contenido

# Conoce los insectos

Hay muchos tipos de insectos.

Los insectos comen muchos
alimentos diferentes.

# Plantas

Muchos insectos obtienen su alimento de las plantas.

hojas

Muchas orugas comen hojas.

madera podrida

Las cochinillas comen madera podrida.

polen

Las abejas comen el polen de las flores.

semilla

Los insectos del algodoncillo comen semillas.

fruto

Algunas avispas comen frutos.

# Sangre y popó

Algunos mosquitos chupan la sangre de los animales. Luego, se alejan volando.

Las garrapatas chupan la sangre de los animales. Luego, se sueltan.

popó

Los escarabajos peloteros comen popó.

popó

Muchas moscas también comen popó.

# Comer otros animales

saltamontes

Algunas avispas comen otros insectos.

Algunas arañas comen otras arañas.

Algunos insectos comen animales más grandes.

Algunos ciempiés grandes
comen ratones.

# ¿De qué tamaño?

escarabajo

tijereta

oruga

araña

Observa el tamaño que pueden tener algunos de los insectos presentados en este libro.

# Glosario ilustrado

**insecto** criatura muy pequeña que tiene seis patas

**polen** polvo dorado dentro de las flores

# Índice

**Nota a padres y maestros**

**Antes de leer**

Haga junto a los niños una lista de animales que incluya insectos, arácnidos (p. ej., arañas), crustáceos (p. ej. cochinillas), miriápodos (p. ej. ciempiés y milpiés) y lombrices de tierra. ¿Saben qué come cada insecto? Si no lo saben, pídales que hagan sugerencias y luego lean el libro para ver si adivinaron correctamente.

**Después de leer**

- ¿Averiguaron los niños qué comen todos los insectos de la lista? Si todavía no están seguros sobre algunos de ellos, consulte con los niños libros de referencia o la Internet para hallar las respuestas.
- Si tienen un huerto en la escuela, observen las plantas que crecen entre la primavera y el fin del verano y fíjense si hay insectos que las coman. ¿Hay abejas o mariposas que visiten las flores? Busquen polen en las patas y los cuerpos de las abejas. También pueden buscar signos de que un insecto se ha estado alimentando de una planta en particular.
- Prepare un lombricario de la clase para observar qué comen las lombrices. Comente cómo las lombrices nos ayudan a reciclar los residuos y cómo ayudan al medio ambiente.